中国文化知识读本

ZHONGGUO WENHUA ZHISHI DUBEN

金开诚◎主编

周 悦◎编著

吉林出版集团有限责任公司
吉林文史出版社

轿

图书在版编目（CIP）数据

轿 / 周悦编著 . —长春：吉林出版集团有限责任
公司：吉林文史出版社，2009.12（2022.1 重印）
（中国文化知识读本）
ISBN 978-7-5463-1706-9

Ⅰ . ①轿… Ⅱ . ①周… Ⅲ . ①古代交通工具 – 简介 –
中国 Ⅳ . ① K875.3

中国版本图书馆 CIP 数据核字（2009）第 236877 号

轿

JIAO

主编/ 金开诚 编著/周悦

项目负责/崔博华   责任编辑/曹恒 崔博华

责任校对/王明智 装帧设计/曹恒

出版发行/吉林文史出版社 吉林出版集团有限责任公司

地址/长春市人民大街4646号   邮编/130021

电话/0431-86037503   传真/0431-86037589

印刷/三河市金兆印刷装订有限公司

版次/2009 年 12 月第 1 版   2022 年 1 月第 5 次印刷

开本/650mm×960mm 1/16

印张/8 字数/30千

书号/ISBN 978-7-5463-1706-9

定价/34.80元

关于《中国文化知识读本》

文化是一种社会现象，是人类物质文明和精神文明有机融合的产物；同时又是一种历史现象，是社会的历史沉积。当今世界，随着经济全球化进程的加快，人们也越来越重视本民族的文化。我们只有加强对本民族文化的继承和创新，才能更好地弘扬民族精神，增强民族凝聚力。历史经验告诉我们，任何一个民族要想屹立于世界民族之林，必须具有自尊、自信、自强的民族意识。文化是维系一个民族生存和发展的强大动力。一个民族的存在依赖文化，文化的解体就是一个民族的消亡。

随着我国综合国力的日益强大，广大民众对重塑民族自尊心和自豪感的愿望日益迫切。作为民族大家庭中的一员，将源远流长、博大精深的中国文化继承并传播给广大群众，特别是青年一代，是我们出版人义不容辞的责任。

《中国文化知识读本》是由吉林出版集团有限责任公司和吉林文史出版社组织国内知名专家学者编写的一套旨在传播中华五千年优秀传统文化，提高全民文化修养的大型知识读本。该书在深入挖掘和整理中华优秀传统文化成果的同时，结合社会发展，注入了时代精神。书中优美生动的文字、简明通俗的语言、图文并茂的形式，把中国文化中的物态文化、制度文化、行为文化、精神文化等知识要点全面展示给读者。点点滴滴的文化知识仿佛颗颗繁星，组成了灿烂辉煌的中国文化的天穹。

希望本书能为弘扬中华五千年优秀传统文化、增强各民族团结、构建社会主义和谐社会尽一份绵薄之力，也坚信我们的中华民族一定能够早日实现伟大复兴！

【目录】

一　轿的产生和发展…… 001

二　轿的主要用途…… 019

三　轿的不同形制与乘轿人的地位身份…… 057

四　轿的文化内涵…… 077

五　有关轿的民俗和故事…… 103

一

轿的产生和发展

殷墟出土的马车

轿子作为中国古代历史上特殊的交通工具,已有四千多年的悠久历史。《史记·夏本纪》中曾提到大禹治水时,翻山越岭、渡河逾池,用了四种交通工具,即"陆行乘车,水行乘船,泥行乘橇,山行乘辇"。"辇"就是一种远古的轿子,但具体是什么样子的,还没有实物为证。

一般认为,轿子是在古代车子的基础上演变而来的。中华民族造车的历史很早。《淮南子·说山》一书记述:"见飞蓬转而知为车。"古人从自然物的滚动中得到启示,认识到圆形的物体在平面上移动要比其他形状的物体迅速得多。于是古代人学会了通过排垫圆木的方式来搬运东西,河南等地新石器时代早期的遗址中就有证据。到了仰韶文化晚期，人们已经用轮制技术来制造陶器，想必当时的工匠也会用这种方法尝试制做车轮的。车子的发明，使中华民族在克服平原地区的交通障碍方面取得了成功。当远古先民们在艰难的环境中为了生存和发展、经常"迁徙往来无常处"的时候，车子给他们多大的便利啊！不仅如此，以车子的伟大发明为先导，我国的上古先民还陆续发明了适用于不同自然环境的多种交通工具。大禹"乘四载"，以"开九州，通九道，陂九泽，度九山"（《史记·夏本纪》）。即使用了各种交通工具，轿子就是其中之一。

周王之座车

轿的产生和发展

003

商周时代，轿子的形制已经很完备了。虽没有文献记载，但在考古过程中发现了早期的轿子。

秦以前，主要的交通工具是马车，自汉代之后，才陆续有了乘坐轿子的记载。《汉书·陈余传》云："上使泄公持节问之挈舆前。"汉代将轿子称为"舆轿"，也就是人抬肩扛的轿子，而坐轿子的人大都席地而坐。东汉班固的《西都赋》："乘茵步辇，唯所息宴。"步辇乃是去掉了轮子的小车，由人用木杠抬着前行，形同于轿。当时人们认为竹制材料足够轻便，所以这种舆轿多是用竹子编成的，轻便易举，是比车更加灵

秦以前，主要的交通工具是马车

活的一种交通工具，这种轿子还有"竹舆""夜舆"的称呼。三国时，魏文帝曹丕在《校猎赋》里也提到了这种轿子："步辇西园，还坐玉堂。"

魏晋南北朝时期的轿子，不仅用于翻山越岭，而且逐渐成为统治者日常使用的代步工具。轿子的形制到这时也有了很大的变化。轿子的用途和使用方式呈现出多样化的态势，名称也各不相同，有"版舆""平肩舆"等称呼。"八辋舆"是一种比较宽敞的轿子，可同时乘坐两人，轿上笼罩薄纱，夏日能够避蚊虫。轿子的前面放有几案，坐轿子的人可以在几案前读书写字。抬轿人有八个，

华盖与马车

不是用辅助工具抬着轿子，而是直接将轿杆放在肩上，前六人后两人。当时的八辗舆是一种高级的轿子，只有皇亲贵戚才有资格乘坐。

盛唐时期，无论是政治经济还是文化艺术，都达到了鼎盛时期。这个时候，轿子的种类更加丰富多彩了，有皇帝所乘的"步辇"，有贵族命妇乘坐的"檐子""篮舆"等等。唐代颜师古注《汉书》曰："孥舆者，编竹木以为舆形，如今之食舆矣。""孥舆"就是用竹木制成的轿子。与最开始的"肩舆"不同的是，"孥舆"是轿夫用手抬，高只齐腰，不上肩，有点像现代人推小车的样子，但两者形制大同小异，皆属

于"腰舆"一类的轿子。据北宋王得臣的《麈史》记载，在唐代，轿子只是帝王和后妃的代步工具，其他人是没有资格享受的，就连宰相也只能骑马。

到了五代，才开始有了"轿子"这个词。最早可能是王钎在《默记》中提到："太祖（赵匡胤）初自陈桥推戴入城，周恭帝即衣白襕，乘轿子，出居天清寺。"在"步辇""肩舆"轿子等不同名称中，"轿子"一直是最常用的。

轿子作为一种交通工具，得到较广泛的普及是在宋朝。在著名的《清明上河图》中，繁华的北宋京城汴梁大街上有许多轿子出游。这些轿子虽然同汉唐时

明清时期，轿子已成为一种重要的出行工具

期的轿子大同小异，仍由两人抬扛，但选材精良，以硬木为主，上雕花纹飞龙，造形美观。样子和近代的轿子大致相同。南宋时，轿子的使用进一步得到推广。《送史·舆服志》中说："中兴东征西伐，以道路阻险，诏许百官乘轿……"到明朝中后期，连中小地主也"人人皆小肩舆，无一骑马者"（明顾起元《镕座赘语》）。明清时期，轿子发展为由四人抬或八人抬。王公贵族之所以越来越宠爱轿子，是因为坐在这种特殊的交通工具上，无车马劳顿之苦，安稳舒适。清朝文人王渔洋有诗云："行到前门门未启，轿中安坐吃槟榔。"这时，轿子已成为一种重要且普遍的代步工具。

北宋年间，历经四朝的元老文彦博，因为年老体衰，与另一位身患疾病的名臣司马光，得到皇帝特许乘坐轿子，属于是优待老臣的恩典。在乘轿的制度方面，与赵宋王朝对峙的辽国，也师法于宋。据《辽史》记载，只有辽国的皇帝才能乘轿，即使是皇太子也只能乘车，没有资格坐轿子。宋代是我国古代家具发生根本变革的时期，高桌椅的广泛使用，引起了许多生活用具的变化，轿子便是其中的一种。这时的轿子已改为全遮式，轿外形呈立体长方形，用席子围

汉代皇帝出行图

遮，盔帽式顶盖，四角上翘。左右开窗，门扉施帘，轿内置放高脚椅座，乘轿者由"席地而坐"改为"垂足而坐"。由于轿身增高，重心上升，过去将轿杆捆绑于轿底部的做法已不适用。这时的轿杆皆固定于轿身中部，既保证了重心稳定，又便于轿夫起放。这种新式的轿子比起前代敞开式的各式"肩舆"或"腰舆"，要舒适稳当得多。从宋代至近代，轿子基本上保持了这种固定形制，只是

轿的产生和发展
009

在纹样装饰、材料质地、尺寸大小和抬轿人数等方面有些差异罢了。宋代的轿子在宋画或宋墓出土的文物中，常能见到，当时也称"竹桥子"，亦可称为"竹舆"或"兜子"。宋人张择端所画的《清明上河图》中，在人潮熙攘的汴京街头巷尾，就有不少轿子，皆由两人肩抬而行。

华盖车

及至明朝，轿子又有显轿与暖轿之分。显轿也叫凉轿，构造简单，轿身为一把大靠椅，两边扎有竹杠，不施帷幔，多与华盖罗伞相配用，类似于解放前四川山区流行的"滑竿"。暖轿和宋代的轿子形制相差无几，只是盔帽式顶盖由圆穹窿形变为略呈四面坡形，四角不上翘，顶尖饰宝瓶。

清朝的典章制度繁琐而森严，即便是乘轿子也不例外。清代是对轿子的使用和等级规定得最为细致、也最为严格的时期。清人以弓马得天下，刚开始，唯恐王公大臣坐惯轿子了，耽于享乐而荒废了骑射之术，所以规定不论满汉文武，京官一律骑马，不准乘轿。后来朝廷更改了仪制，准许文职官员乘轿，但是满汉官员的标准不同：汉人一至四品的文职京官，在京城内可以乘坐四人大轿，出京则可以改乘八抬大轿；四品以下的文职京官，在京城内可

八抬大轿

以乘坐两人小轿，出京则可以改乘四人大轿。外省的汉人官员，诸如督抚、学政、盐政、织造等三品以上的官员，可以乘坐八抬大轿；其余的从布政使到知县，可以乘坐四人大轿。其他的杂职人员只准乘马。不过，也有一些偏远地方的杂职人员，由于天高皇帝远，监管不力，偷偷地乘坐二人小轿，也为地方官员所默许。武官中，若是有将军、提督、总兵，因年纪太老，骑马不方便，可以上书朝廷申请乘轿。若是外官入京，一律乘车，不准乘轿子。

单就皇帝而言，在什么场合要乘什么轿子，都有严格的规定，是不能随便

违例的。皇帝的轿子皆称为"舆",分礼舆、步舆、轻步舆和便舆四种。礼舆呈立体长方形,楠木质,上有穹窿盖二层,第一层呈八角形,第二层呈四角形,各角皆饰以金色行龙。轿顶盖正中冠以镶珠错金的宝瓶。盖檐垂明黄色缎绸。轿帷亦用明黄云缎,夏用纱,冬用毡。左右开窗,冬装玻璃,夏罩蓝纱。轿内置金龙宝座。轿通高六尺二寸(清尺一尺为今32厘米),纵三尺九寸,横三尺。左右有直辕,长一丈七尺多,大小抬杠共十四根,皆涂红漆,绘金云龙纹,所

北宋时期轿子只供皇室使用

轿的产生和发展

013

官轿

宋室南渡后，马匹、车辆几乎被金人掠去

需轿夫多达 16 人。礼舆是最尊贵、最庄重也是最豪华的御轿，皇帝只有在祭天和祭祖的场合才能乘坐。皇后乘坐的轿子与皇帝的轿子在形制上相差无几，只是纹饰改龙为凤，故有"凤舆"之称。

在等级森严的封建社会，乘轿也是一种特权。南北朝时，官员乘轿只限于在寓所私苑内，上朝出使仍须骑马。唐代除皇帝外，多为贵族妇女乘轿。朝廷命官只有宰相等大官或有疾病、年老者，经皇帝特许方能乘轿。宋室南渡后，统治者不思进取，沉缅于纸醉金迷、歌舞升平的享乐生活之中，加之当时的马匹、

皇室轿子

车辆几乎大部分被金人掠去，所以皇亲国戚文武百官骑马者渐少，乘轿者日多，乘轿限制也逐渐放宽，甚至一些无爵位的富人也可乘坐。明清以来，轿子又有官轿、民轿之分。官轿等级甚严，不同身份与官品的人，所乘轿子的质地、装饰、

皇帝出行场景

大小和轿夫人数是不一样的。清代亲王的轿子是银顶、黄盖、红帏，轿夫八人。汉人文官，自大学士以下至三品文官以上，轿用银顶、皂盖、皂帏，轿夫四人。四品官以下轿用锡顶、皂盖、皂帏，轿夫二人。官轿出府都有侍从在前鸣锣开

道，百姓见了必须肃静、回避。无官爵的富人或平民所乘的民轿，皆是黑油齐头、平顶皂帏的二人抬小轿。

另外，清代还有一种用牲口抬的轿子，是用两根长杠子架在前后两头骡子的背上，中间部分置轿厢，人坐卧其中，可以应对较远的路程，叫做"骡驮轿"。《红楼梦》第五十九回，贾府女眷要随祭一位薨逝的老太妃，贾母就是率领众人分乘几座驮轿入朝的。这种驮轿的舒适程度，比起贾元春省亲时乘坐的八人抬、金顶、金黄绣凤帷幔的轿子，自然无法相提并论。

清朝时，满人官员乘轿的规定更为严格。亲王和郡王可以乘坐八抬大轿，平时

蒙古大帐车马

为了行动方便，也是乘坐四人轿。亲王、郡王、世子的福晋，她们乘坐的轿子规格，以及轿上的各种装饰，都有严格的规定，不能只凭自己的喜好。贝勒、贝子、镇国公、辅国公，则是乘坐朱轮车轿。一品文职大臣、军机大臣乘坐四人轿；二品大员要等到年过六十，才能乘坐轿子。蒙古王公则一律不准乘轿。其中只有一个特例，咸丰年间，因镇压太平天国有功，被封为亲王的僧格林沁，被咸丰特许乘坐轿子，是绝无仅有的例子。

平民百姓乘坐的轿子也有详细的规定，必须齐头、平顶、黑漆、帷幔也只能用皂色的布，不能使用王公贵族的装饰。

二 轿的主要用途

（一）舆轿

轿子原名叫做"舆"，最早见于司马迁的《史记》，说明早在西汉时期就已经有轿子了。后代，轿子的用途和形制都得到逐步的发展。晋六朝时盛行肩舆，即人抬的轿子。到后唐五代，始有"轿"之名。北宋时，轿子只供皇室使用，成为一种权力和地位的象征。宋高宗赵构南渡临安（今杭州）时，废除乘轿的有关禁令，自此轿子逐渐发展到民间，成为人们的代步工具并日益普及，轿子的文化内涵也逐渐丰富起来。南宋孝宗皇帝为皇后制造了一种"龙肩舆"，上面装饰着四条走龙，栩栩如生，里

舆轿

面用朱红漆的藤子编成坐椅、踏子和门窗，内有红罗茵褥、软屏夹幔，外有围幛和门帘、窗帘。这样华丽的装饰显示了王族的尊贵和独特，这就是最早的"彩舆"（即花轿）。

轿子最初是专供人们走山路而用的交通工具。西汉时，淮南王刘安在给武帝上书中称："入越地，舆轿而喻（逾）

岭。"这也是"轿"以单音词首见于史书。可以想见，笨重的木车轮是无法在崎岖不平的山路上行驶的。于是人们干脆把车轮卸掉，单把车厢抬起来走。为了减轻肩头的负重，这种过山用的交通工具多用竹子编成，所以，当时又有"竹舆""编舆""篼舆""笋""篼"等名称，但它们指的都是同一种东西，即轿子。

乘轿而行，远比坐车平稳、舒适。于是，轿子又从专为走山路所用扩大为皇室贵族等人在平原或宫苑内的代步工具。汉代舆轿的形状在云南晋宁石寨山汉墓出土的铜铸贝器上可以见到，它是一个长方兜形，有两根抬杠，但没有帷幔和顶盖，乘轿者取"席地而坐"的姿式，由四个短衣铣足的壮汉肩抬而行。从轿身上的斜方格纹推测，它应当是用竹篾编织而成的。由于该墓是汉代古滇人之墓，因此这种舆轿当属滇人所用的物品，它与同期关中、中原地区汉民族所用的舆轿形制是否相同，有待进一步考证。

将轿子比喻为"食舆"更是一种新鲜的说法。《汉书·张耳陈馀传》云："上使泄公持节问之篼舆前。"颜师古注："篼舆者，编竹木以为舆形，如今之食舆矣。""食"有享受的意思。由此提法也

婚庆轿子

民国时期的轿子

可以想见，上层贵族坐上轿子那种舒服而得意的感觉。

把轿子称为"版舆""步舆"，给五花八门的轿子别名又增加了新的系列，而且这都是有根据的。"版"通"板"，因为有的轿子是木制的。晋朝潘岳写有《闲居赋》，提到"太夫人乃御版舆升轻轩"，李善注："版舆，一名步舆。周迁《舆服杂事记》曰：'四尺，素木为之，以皮为襻簨之，白天子至庶人通得乘之'。"

还有一种说法认为汉代的舆轿就相当于后来的轿子。因其体积较小，抬舆轿者一般只需要两人。但一般来说，"舆"专指帝王乘坐的轿子。皇帝乘坐的轿子

仿古车马

种类繁多，如礼舆，是供皇帝朝会时乘坐；
步舆，是供皇帝在城外巡狩、巡视时乘
坐……平常时候，若皇帝只在宫内出出
进进，一般都是乘便舆——冬天坐暖舆，
夏天坐凉舆。《汉书·严助传》载："舆
轿而领。"唐代颜师古注引项昭曰："领，
山岭也，不通船车，运转皆担舆也。"

颜师古注解为，"服虔曰：'轿音桥，谓隘道舆车也'。"

（二）官轿

轿子有官轿和民轿之分，所以官轿已不单单是官员出行时的交通工具，同时也是一种权势和地位的象征。人们根据轿子的颜色、围幕用料、装饰物及轿夫的数量，来区分乘轿人的身份，这是封建社会区分各种人等级的一种方式。

根据官员等级的不同，轿子制作的类型、帷子的用料颜色等方面都有严格的区分。在明清时期，一般官吏只能用蓝呢或

轿子制作的类型、用料等都有严格的区分

百子大礼轿

绿呢作轿帷，这是最普通的官员轿子，一般称作蓝呢官轿或绿呢官轿。除此以外，轿子的名称依据用途的不同也各有差别，比如皇室王公所用的是舆轿；达官贵人所乘的是官轿；人们娶亲所用的那种装饰华丽的轿子是花轿。抬轿子的人也是依据登记有所区分的，有多有少，一般为二至八人，民间多为二人抬便轿，官员所乘的轿子，有四人抬和八人抬之分。

等级制度最为严酷的清朝在这方面的规定最严格。清代的宗亲、朝臣、命妇等达官显贵乘坐的轿子的形制、装饰等都区分得很严格，不准逾制。除皇家的轿子外，不同品级的官员则乘坐不同的

气派的轿子

轿子。官职越高，抬轿的人越多。一般州官以上的官员多坐八抬，钦差大臣三品以上轿夫八人，而七品知县多为四抬。三品以上及京堂官员，轿顶用银，轿盖、轿帏用皂，在京时轿夫四人，出京时轿夫八人；四品以下文职官员轿夫二人，轿顶用锡。直省总督、巡抚轿夫八人；司、道以下、教职以上官员轿夫四人；杂职乘马。坐轿的等级之分主要指文官，武官的级别再高也不准坐轿，只能骑马。当官员出外长途跋涉时使用的是眠轿，眠轿的主要特点是将应用各物置于轿中，可做卧床使用，这样既方便了行李的运输，又能够保证乘轿者在遥远的路途中

衙门轿子

得到适量的休息。这种轿子要比普通轿子大一些，相当于一个微型的卧室。

这些官轿，无论八抬或四抬，轿头儿总要走在前面，目的是方便乘轿人的招唤。轿头儿喊"起轿"，那轿便悠然如飘；轿头喊"停轿"，轿夫们便大步变小。吃"官抬"饭的人规矩很多，尤其是轿头儿，更非一般人能当得了的。轿夫只要一入轿班，就要恪守"几不准"：不准吃生葱生蒜，不准左顾右盼，更不准放响屁……如果实在忍不住的话，就喊一声号子遮掩过去。轿子着地，要前低后高，让当官的出轿如闲庭信步，威严有加。一般新官上任，首先要了解当地

抬花轿

风俗民情和历史掌故。了解这些无外乎
两个渠道：一是翻阅县志，二是下乡察看。
下乡察看的路上，当官的只与轿头儿搭
言。所以轿头儿不但要身强力壮有力气，
而且还要有些学问，最起码能做到有问
必答。回答问题时要掌握分寸；说得过
少，当官的不明白；说得过多，当官的
不悦——因而这轿头不好当！

轿头儿一般不是选出来的，多是世家。
陈州南关的夏家，家族里好几辈就以此
为生。夏轿头儿兄弟四人都以吃"官抬"
饭为生。新官上任，总要先拜轿头儿和
班头儿。轿子是当官的腿，离了腿是寸
步难行的。

（三）花轿

花轿也叫喜轿

1. 花轿的风俗

花轿，也叫喜轿。是传统中式婚礼上使用的轿子。一般装饰华丽，以红色来显示喜庆吉利，因此俗称为大红花轿。

轿子的作用是迎来送去。在这迎送之间，是有许多讲究的。出行坐轿的可都是有点儿身份和地位的。所以，每逢他们出行，不管是来迎去送，派轿子都得讲一定的排场。"排"是"安排"，"场"是"场面"。"排场"就说是要安排一

轿的主要用途

定规模一定档次的场面。场面是需要支撑的（谦辞叫"绷面子"，敬辞叫"捧场"）。用什么来支撑排场？一是轿子；二是轿夫；三是吹鼓手。轿子当然最好是全封闭的；轿夫当然是多多益善；吹鼓手当然是善于鼓吹的（有元曲为证：喇叭，唢呐：曲儿小，腔儿大。）花轿这种用于喜庆日子的必需品，就是造声势、撑场面的重要工具。

花轿也就是一般结婚时乘坐的彩舆，在民轿中是最漂亮的，不过也有高低档次之分。高档花轿轿顶饰以金属假宝珠，双层檐，四角挂彩球，轿帏上有刺绣图案，如"凤戏牡丹""福禄鸳鸯"等。这些考究的花纹和装饰品，不仅增添了结婚的喜庆气氛，本身也成为一种艺术品。低档花轿一般用绣有龙凤的红绿彩绸作轿帏，扶手和轿杆涂饰红漆。轿夫有二人抬、四人抬、六人抬、八人抬之分。二人抬花轿档次最低；八抬大轿级别最高，轿身高大、轿内宽敞、装饰豪华、价格昂贵，普通民众是难以承受的。

传统上，只有初嫁女子可以乘坐花轿，寡妇再嫁最多是在普通轿子上扎些彩布或纸，称为彩轿。至于纳妾，有些地方可以坐花轿，有些地方不能坐轿或者坐其他的轿。但总的来说，旧时女性一生最多只坐

花轿是民轿中最漂亮的

新婚洞房

一次花轿，因此是具有特殊意义的。

俗话说："大姑娘坐花轿——头一回。"确实，在传统的婚姻礼俗中，一顶花轿可谓是不可或缺的道具，由此衍生出上轿、起轿、喝轿、宿亲、翻镜、压街（颠轿）、落轿等一系列繁文缛节，把整个送嫁迎娶活动的喜庆气氛推向高潮。甚至直到一经结婚登记婚姻便受到法律保护的今天，仍有许多新娘认为不坐轿车便算不上正式结婚——这种送亲轿车，一样打扮得花团锦簇，其实就是传统花轿的变体。

2. 花轿的来源

将轿子用到娶亲上，最早出现在宋

代，后来才渐渐成为民俗。那时，待嫁的女子在家里精心地梳妆打扮，等待男方迎娶自己回家。凌晨，男方就会派来鲜艳的迎亲大花轿，这叫"赶时辰"。据说当天如有几家同时娶亲，谁赶的时间早，谁将来就会美满幸福。所以结婚时轿子往往很早就得赶到女方家里。南宋吴自牧在《梦粱录·娶嫁篇》里有对这种习俗的相关记录。这种接新娘的习俗，直到现在在一些地方还十分盛行。

花轿的主要用途是接新娘到丈夫家举行婚礼。新郎如果去迎亲，多为骑马伴随，有时也可乘坐蓝、绿甚至红色的小轿子跟随。但因为婚礼尚未举行，传统上新郎新

花轿

轿的主要用途

花轿上的装饰

花轿

娘这时候不会同乘一轿。花轿多为 4 人抬，有的时候加 2 人替换，或者在前后打伞、放鞭炮等。在新娘娘家起轿、新郎家下轿的时候，都会有一些相关的民俗仪式；但具体情况则因地域而不同。去娘家的路上，花轿一般不可以空着，而是坐一名男孩，称为压轿孩。

花轿选材要求既轻便又耐用，一般选用香樟、梓木、银杏等木材，雕刻多是"八仙过海""麒麟送子""和合二仙""金龙彩凤""喜上眉梢"等喜庆吉祥的词语。花轿的制作工艺非常复杂，采用了浮雕、透雕、贴金、涂银、朱漆等装饰手法，精美华丽，犹如一座黄金造就的佛龛。婚姻是人一辈子的大事，所以结婚时的各种物品都非常精美，带着最美好的祝福，希望新人在各方面也是最美满的。

3. 幸福花轿娶亲习俗的流变

从一些史书中可以发现，用花轿迎娶新娘的礼俗，不是自古就有的，它和轿子的产生并不同步。首先，"轿子"作为一种特殊的交通工具在生活中出现并正式在典籍中留下记载，是晚唐五代时候的事；其原型"肩舆"的流行，最早也是初唐时期。在此以前，无论官民结婚，都用马拉车輂迎娶新娘，是不用轿子的。

富丽堂皇的花轿

轿的主要用途

古代花轿局部

与此同时，唐宋两朝政府都颁布过禁止士庶乘坐檐子或轿子的禁令，而只许皇帝和经他特许的高官老臣使用。大约自北宋中期起，开始有"花檐子"（就是花轿）迎娶新妇的现象并作为一种风气流行于汴京。到宋廷南渡后，用花轿迎亲才成为社会性的潮流，其后一直传承下来，成为民间一种丰富多彩的习俗。倘

轿
038

结婚乘坐的花轿

论节省人力、通行速度和费用开支，花轿显然不及车马来得方便，但论舒适和排场程度，两者未必可比。文化和习俗的发展，不同于科学技术的发展，并没有什么严密的论证，而是顺其自然的进行。在某个时候，人们可能觉得抬花轿娶妻才能营造出结婚的气氛，或者可能突然有个人想创新一下，使自己的婚姻别具一格，就改用了轿子。这些都是有趣的猜测，至于具体是怎样出现的，还没有具体的考证。

有一种说法是此风源于唐代北方士族违禁偷娶活动。据说东汉魏晋以来，士族大姓自恃门第高贵，儿女婚事一直在

木制轿子

花轿

一定范围的家族内进行，与异姓结亲对他们来说是一件耻辱的事情。其中最为显贵也最为顽固的，要数当时的太原王氏、范阳卢氏、荥阳郑氏、清河与博陵崔氏、陇西与赵郡李氏这七大望族。唐元稹《会真记》描述的张生向崔莺莺求婚，崔母自恃博陵望族而瞧不起对方，正是对这种状况的写照。唐高宗时，出身寒族的李义府官居宰相，欲为儿子在这七大望族中娶个妻子，不料因为自己出身不是望族，竟到处碰壁，没有达成愿望。李相为此非常不满，怨愤不平，于是劝说皇帝下诏，禁止这七姓子女互相通婚，以打破这种苛刻的门第观念。同时又派

古代用于结婚的轿子

人重修《氏族志》，规定不论门第，凡得官五品者皆属士流。有了皇帝的命令和明文规定，这七大望族自为婚姻以保持"血统"高贵的门路断绝了。不过这些望族人家不甘受此束缚，他们照样偷偷地谈婚论嫁，想延续自身的血统，只因不敢公然冒犯天子诏令，于是逐渐取消了车马送亲等理应公开热闹的排场，改为天黑后弄一乘花纱遮蔽的"檐子"，把新娘抬到男家结婚。这些望族用这样的方式通婚，既避免了对皇帝命令的公然违抗，又保持了自身血统的纯洁。后来，唐高宗和唐文宗又追加颁布过禁止乘坐"檐子"的诏令，免得这些人家瞒天过海，只不过这些法令都只是一时有效，风头过后，又卷土重来。中唐以后，"檐子"迎亲居然成了一种身份的标志，连七姓之外的士族人家，也学习这种风俗来满足自身的虚荣心。到宋朝的时候，前朝禁令一概废除，这种用"檐子"嫁娶的风俗转为公开，但是原始的檐子过于简陋，于是轿子经过精心装饰，俗称"花檐子"，日后流变为花轿。从此，"花檐子"或花轿代表某种社会身份的观念深入人心，如果不用花轿娶亲的话，不能得到舆论的认同和尊重，显得寒酸和不当回事儿。至于诸如纳妾收房、寡

妇再嫁等婚姻活动不得乘坐花轿的禁忌
也由此衍生，在传统伦理道德中，不同
身份的人婚姻的等级也是不同的。

　　还有人认为抬花轿结婚的风气源自
北宋理学家程颐对传统送嫁婚仪的改革。
相传在古代婚俗中，大夫以上嫁女有"反
马"的规矩，即女方用车马把新娘送至
夫家，小夫妻过上一段日子（通常不少
于三个月）后，倘相处和睦，夫家便留
下车子，送还其马，叫"反（通返）马"。
如果两人合不来，或因其他缘故导致婚
姻难以维系，在结婚后的一段时间里，
新娘便骑乘自家的马返归娘家，或等夫
家甘言求和，或从此不回夫家，准备离异。
这种风气，自先秦传至唐宋，可见在很

花轿是传统中式婚礼上使用的特殊轿子

长的一段历史时期内，伦理道德对女性的束缚还不像后来那样苛刻，已嫁妇女还是有一定自由的。

改革这个风俗的程颐和其兄程颢并称"二程"，都是理学宗师，认为婚姻当以终身夫妇才合"天理"，反对男子再娶和女子再嫁，认为这样是不道德的。程颐晚年时，家里出了两件事，对他的影响很大。先是甥女出嫁未几，夫妻不合，女方骑马返归娘家；接着又是侄媳妇因丈夫暴卒，于是也骑着马一去不归，不久便改嫁他人。程颐受此刺激，一病不起，认为这种事情的发生太不合理了，就在死前留下遗嘱：今后程家送嫁女儿，一概不能用车马，男方须用"檐子"来

民间花轿

花轿

花轿也称大红花轿

迎娶，断绝“反马”之习；反之，程家娶亲，就用檐子去迎娶女方，以此确保既嫁女子“从一而终”。程颐死后十多年，金兵入侵，中原骚乱，程家从洛阳迁居池阳，程家人其后一直恪守祖训，所生女子，出嫁时一律坐“檐子”，夫死不归，“守节”终身，来表示自己的忠贞。随着理学在南宋的兴盛，这种“从一而终”

宋代是最早把轿子运用到娶亲上的

的观念渐为社会接受，"檐子"取代车马的迎亲习俗也逐渐流行起来。这种习俗导致的后果是，一方面是嫁出的女子从此失去返归娘家的自由，另一方面她们在夫家的地位也有所巩固，俗谓"我是被你们家用花轿抬过来的"抗辩自卫之辞，就是以这种迎娶礼节为根据的。

对于这种用花轿娶亲的习俗，有人认

花轿

为此乃母权制向父权制过渡时的产物：在母系氏族社会里，已婚妇女同配偶之间仅是一种性伙伴关系而已，尽管两厢自愿，但夜合日离，彼此间也没有独立的经济基础。在以继承私有财产为特征的父权制出现后，已婚女子因历史传统使然，继续维持"从母居制"，甚至保留群婚习惯，这就迫使丈夫采用种种手段"在传统的范围内打破传统"（马克思《摩尔根＜古代社会＞一书摘要》），确立"从夫居制"，以此保证子嗣血统的纯正和财产关系的稳固。在这些手段中，包括了已非原始意义上的"抢婚"行为，即用某种公认的形式，把事实上已经建立配偶关系的女子强娶回家。在这种女子留恋母权制而男子要确立父权制的斗争中，女方兄长出于自身利益的考虑，通常持配合男方的态度。甚至直到适应父权制的女"嫁"夫家的婚姻形式稳定之后，历史的风习依然有所残存，新娘"哭嫁"，并由兄长硬背着送上花轿，就是这种残存风习的表现形式之一。

还有一个有趣的传说，称这种风俗起

古代花轿的种类及样式繁多

轿的主要用途

花轿上的精美雕刻

源于宋高宗赵构的一场历险：宋室南渡之初，高宗往宁波流窜，途中遭遇金军拦截，冲出包围后，人已落单，惶恐间又被一片湖水挡住去路。眼看追兵将到，高宗准备投湖自尽。正巧，有个乡村姑娘在湖边浣纱，指着湖水对他说："这里水浅，相公快快下去，只管仰起鼻孔透气，我自有办法搭救。"高宗依言下湖，待湖水没至颈部，把头仰起露出鼻孔在水面上吸气。那村姑旋将手上的白纱迎风一抖，撒向湖面，飘飘洒洒，正好把他全遮住了。金兵冲到湖边，四望不见高宗身影，喝问村姑是否见过高宗，村姑伸手胡乱指了一个方向，称高宗已经逃跑。金兵立即调转马头，朝

花轿的顶部装饰

娶亲花轿

着姑娘所指疾奔而去。待金兵走远，姑娘收起白纱，把高宗搀上岸来，带他回家去换了衣服，并找船将其送到对岸。时隔两年，宋高宗在临安（今杭州）站稳脚跟。随后便传旨宁波府，要求寻访那个有"救驾"大功的村姑，结果无人出头领功。高宗特下圣旨一道：今后凡是宁波女子出嫁，特许乘坐四人抬杠的轿子。四抬轿子正好是皇后所坐八抬鸾驾的一半规格，所以宁波人以后一直自夸他们的花轿是"半副鸾驾"。后来其他地方的人也学了样，这个风俗就此传

花轿

华丽的花轿

了下来。所以迄今还有一些老辈人管新娘乘坐的花轿叫"四明轿子"，这是因为宁波古称"四明"的缘故。

三 轿的不同形制与乘轿人的地位身份

民间的轿子相对比较朴素

（一）平民百姓的交通工具

古代的轿子，大致有两种形制或类型，一种是不上帷子的凉轿，也称亮轿或显轿，一种是上帷子的暖轿，又称暗轿。

民用轿一般分为自备轿与营业轿两种。自家有轿子的多属富绅之家，以便随时伺候老爷、太太、小姐出行，有凉轿和暖轿之分，供不同季节使用。凉轿用于夏季，轿身较小，纱作帷幕，轻便快捷，通风凉爽；暖轿用于冬季，轿身较大，厚呢作帷，前挂门帘，轿内放置火盆，这样能起到保暖的作用。还有一种专用于妇女乘坐的女轿，缙绅闺秀所坐的轿子小巧精致，顶垂缨络，旁嵌玻璃，冬天还用动物皮毛装点御寒。装饰精巧讲究，红缎作帏，辅以垂缨，显得小巧华贵，漂亮典雅，具有浓厚的闺阁气息。此外部分妓院也有专门用于妓女出堂时乘坐的轿子，一般为二人小轿，装饰华美艳丽，十分轻快，一般不挂轿帘，用来方便招揽嫖客。

私人轿子如医生出诊时乘坐的二人抬的蓝呢轿子，来去匆匆，比较轻便。另有一人称"替肩"的，走在轿子前面吆喝，提醒行人避让，到了夜间则提着灯笼在轿前引路。行医轿子流行了很久，20 世纪30 年代，上海虽已盛行用汽车做代步工具了，也还能见到这种轿子。明崇祯之初，

庙会上的轿子

轿的不同形制与乘轿人的地位身份

059

民间所乘坐的轿子

用于婚礼迎新的彩轿只用蓝色绸作帷幔，四角悬桃红彩球，其后用红色刺绣和织锦，后来又用大红纱绸满绣。清初，彩轿用小圆镜和彩球相杂缀，华丽多彩。最为流行的是从宁波传入的"四明彩轿"，这是一种雕刻有吉祥物的木架轿，四周悬挂着花灯和响铃，绣着"凤穿牡丹""福禄鸳鸯"等吉祥花式。出丧时妇女坐的轿子蒙着白布，分丧家和女宾两种式样。犯人押赴刑场或送入监狱坐一种无顶的小轿，供神主牌位的轿子称为"魂轿"，此外，还有日本人乘坐的单杠（横贯轿顶）的矮轿，以及轿身用安乐椅、藤椅等做成的私家轻便轿子等。

营业性的轿子称客轿，由轿子铺经营，品种有客轿以及快轿、花轿等，并配轿夫。快轿一般为二人抬，装饰简单，十分轻快，多在车站、街口等处等人雇用，按程论价，价格较低。客轿则在铺内坐等顾客上门，大都是有身份的人雇用，按天论价。坐轿子体现的是一种尊贵，所以在古代，轿子是有身份的人最常用的一种交通工具。

木制轿子

（二）不同级别官轿的讲究

古代轿子在形制上也有规定。例如在清初皇帝后妃乘坐的豪华的辇，亲王坐的

轿的不同形制与乘轿人的地位身份

061

轿房内的轿子

四抬官轿

轿子是银顶黄盖红帏。三品以上大官虽可用银顶，但须用皂色盖帏，在京城内四个人抬，出京用八人。四品以下只准乘锡顶、两人抬的小轿。至于一般的地主豪绅，则用黑油齐头、平顶皂幔的。

古代官轿大致分为三种颜色：金黄轿顶、明黄轿帏的是皇帝的坐轿，在古代，黄色代表尊贵，是一般人不能随便使用的；枣红色的是高官坐轿；低级官员以及取得功名的举人、秀才则乘坐绿色轿子。清代的宗亲、朝臣、命妇等达官显贵乘坐轿子有严格的规定，不准跨越级别。三品以上及京堂官员，轿顶用银，轿盖、轿帏用皂，在京时轿夫四人，出京时轿夫八人；四品

古代官员乘轿出行的场景

以下文职官员轿夫二人，轿顶用锡。直省总督、巡抚轿夫八人；司、道以下、教职以上官员轿夫四人；杂职乘马。钦差大臣三品以上轿夫八人。这些坐轿官员主要指文官，至于武职，虽官至一品也不准坐轿，只能骑马。将军、提督、总兵等年过七旬不能骑马者，要想坐轿也必须事先奏请恩准。一般官员出外长途跋涉则另乘眠轿，

轿子的模型

即将应用各物置于轿中，可做卧床使用。
这种轿子比普通轿子大一些。官员乘轿出
行时还要鸣锣开道，对于开道的锣声也有
严格的规定。知县出行鸣锣七响，意思是
"军民人等齐闪开"；知府出行鸣锣九响，
意为"官吏军民人等齐闪开"；一品大员
和钦差大臣出行时则鸣锣十一响，意思是
"大小官吏军民人等齐闪开"。

轿的不同形制与乘轿人的地位身份

官轿和仪仗是权力的象征，皇亲官僚一出家门，乘马坐轿都有严格的规定。抬轿子的人有多有少，一般二至八人，民间多为二人抬便轿，官员所乘的轿子，有四人抬和八人抬之分。如清朝规定，凡是三品以上的京官，在京城乘"四人抬"，出京城乘"八人抬"；外省督抚乘"八人抬"，督抚部属乘"四人抬"；三品以上的钦差大臣，乘"八人抬"等。至于皇室贵戚所乘的轿子，则有多到十多人乃至三十多人抬的。此外，乘轿还有一些其他方面的规定，处处显示着封建社会森严的等级制度。

清代轿子

清代规定，皇帝出行一般要乘十六人抬的大轿，郡王、亲王可乘八人抬的大轿，京官一二品也只能乘四人抬的中轿；外官总督、巡抚舆夫八人，司道以下教职以上舆夫四人，杂职乘马。由以上可知，作为七品官的知县，只能乘四人抬的轿子。由于官轿是权力的象征，因此出轿仪式也异常威风，如州县官下乡巡视，乘四人蓝轿，有呵道衙役在前鸣锣开道（敲三锤半），扛官衔牌的顶前而行，衙役捕快高擎州县官通用的仪仗，"青旗四、蓝伞一、青扇一、桐棍、皮槊各二，肃静牌二"，前呼后拥而行，百姓见之必须肃静、回避。

皇帝出行，都要坐轿

（三）帝王御用轿的华丽奢靡

从皇帝的穿着到皇帝使用的任何东西，都用黄色，它代表一种尊贵，轿子也不例外。

黄色在中国传统文化中居五色之首，是"帝王之色"。这体现了古代对地神的崇拜。在中国，皇帝服饰使用黄色是从隋代开始的。这是因为，古代崇尚黄色，黄色常常被视为是君权的象征，这起源于古代农业民族的敬土思想。《诗·绿衣》载："黄，中央之色也。"渊源于古代的阴阳五行学说。按阴阳五行学说，黄色在五行中为土，这种土是宇宙中央的"中央土"，故在五行当中

"土为尊"。"黄色中和之色，自然之性，万世不易"（班固《白虎通义》）。《通典》注云："黄者，中和之色，黄承天德，最盛淳美，故以尊色为谥也。"黄色是大地的自然之色，是永久的，并且是令人崇敬的。这种色彩代表了"天德"之美，也就是"中和"之美，所以成为尊色，和皇帝的尊贵地位相配合。"唐高祖武德初，用隋制，天子常服黄袍，遂禁士庶不得服，而服黄有禁自此始"（宋王懋《野客丛书·禁用黄》）；《元曲章》："庶人不得服赭黄。"可见，黄色在中国封建社会里是法定的尊色，象征着皇权、辉煌和崇高等。至今，黄色在中国

轿的不同形制与乘轿人的地位身份

069

官轿

人眼里还是尊贵的颜色，是和中国红相配的代表中国的颜色。

　　认为黄色是五行之尊的这种看法，此后又与儒家"大一统"思想糅合在一起，认为以汉族为主体的统一王朝就是这样一个处于中央的帝国，是最为尊贵的，是有别于周边少数民族的。这样，黄色通过"土"就与"正统""尊崇"联系了起来，为君主提供了"合理性"的论证，皇帝就是天子。再加上古代又有"龙战于野，其血玄黄"的说法，而君主又以龙为象征，黄色与君主就发生了更为直接的联系，成了君主的代表色。这样，黄色就象征着君权神授，神圣不可侵犯。周代时，

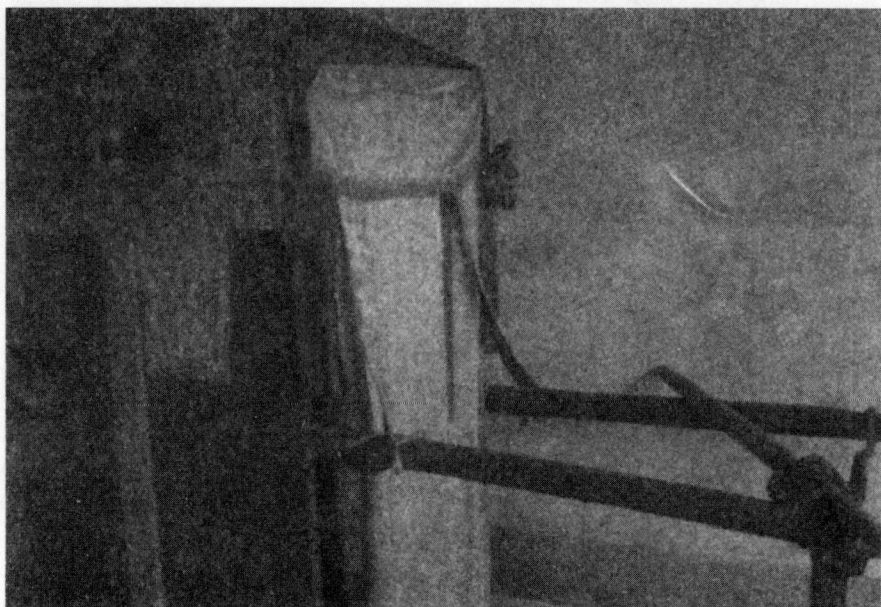

衙门内的轿子

皇室御用轿顶分别镶有龙凤图案

轿的不同形制与乘轿人的地位身份

花轿

黄钺为天子权力的象征，自隋代以后，皇帝要穿黄龙袍，黄色成为君主独占的御用颜色，代表着皇帝至高无上的地位。品官、平民均不得使用，违者、服用者、织造者均以欺君罪、僭越罪论处，是大逆不道的。

皇帝坐轿子，也要比一般老百姓和官

员阵势大。

　　皇帝出禁入跸，都是坐轿子，从64人抬的"玉辂"到宫中由两名太监手抬的软轿，种类极多。皇帝出宫的机会毕竟不多，无须细叙；在宫中"行"的情形，颇可一谈。如溥仪所记，即为历来相沿的规制，皇帝不论行至何处，都有数十人前呼后拥——最前面是一名敬事房的太监，他起的作用犹如汽车喇叭，嘴里不时发出"哧——哧——"的响声，警告人们早早回避。在他后面二三十步远是两名总管太监，靠路两侧，鸭行鹅步地行进；再后十步左右，即行列的中心。如果是坐轿，两边各有一名御前小太监扶着轿杆随行，以

便随时照料呼应；如果是步行，就由他们
搀扶而行。在这后面，还有一名太监举着
一把大罗伞，伞后几步，是一大群拿着各
样物件和徒手的太监，有捧马扎以便随时
休息的，有捧衣服以便随时换用的，还有
拿着雨伞旱伞的。

在这些御前太监后面，是御茶房太监，
他们捧着装着各样点心茶食的若干食盒。
当然还有热水壶、茶具，等等，再后面是
御药房的太监，挑着担子，内装各类常备
小药和急救药，不可少的是灯心水、菊花
水、芦根水、竹叶水、竹茹水，夏天必有
藿香正气丸、六合定中丸、金衣祛暑丹、

八抬大轿

暖轿

万应锭、痧药、辟瘟散，不分四季都要有消食的三仙饮，等等。

　　在最后面，是带大小便器的太监。如果皇帝没坐轿，轿子就在最后面跟随。轿子按季节有暖轿、凉轿之分。

轿的不同形制与乘轿人的地位身份

四 轿的文化内涵

轿子上的雕刻

（一）轿子与戏曲艺术

戏曲道具是我国特有的一种工艺美术品，从演员的装扮到表演需要的道具，都有着悠久的历史，轿子就是其中一种重要的戏曲道具。

戏曲是以表演为中心的一种历史悠久的艺术，所以传统戏中的场景如何变形如何夸张，都与演员的表演有关，那些舞台道具所起的烘托气氛的作用也是不可小觑的。舞台上的道具从来都不是生活用品的原样复制，观众多是在台下看戏，于是表演者的扮相、道具的使用都是很讲究的。艺术来源于生活，又高于生活，因此道具制作者们不能仅仅追

抬花桥

求模仿生活的自然形态，而是要依照舞台假定性原则进行艺术创造，根据道具的用途和场景的差异，需要经过不同方式不同程度的艺术加工，这样来达到一种艺术的表现力，使得道具的作用恰到好处。

　　舞台上的每一件道具都与生活实际形态有所差异，比如以桨代船，这样就避免了用真船的不切实际和不利于演员表现的弱点。表演者将桨撑地，左手摇动，以此来表现船在水面飘动的意境，仿佛在轻柔的水波里，船儿轻轻地向前行进。如果是持桨向后划动，这是在表现急流飞下之势，有顺游而下的快意。持桨向

扭秧歌时所使用的道具轿子

前划，显示的则是激流勇进之态，让人联想到急流和船体的碰撞，白色的水花四溅的生动场景。当演员将船桨双手凭胸而举，就是示意船已靠岸，请客下船之意。所以，戏曲道具的变形、夸张的程度要远远大于话剧、歌舞等其他艺术样式的道具，这是由戏曲本身"虚拟性""程式化"的表演特征决定的。戏曲道具和戏曲演员虚拟化、程式化的精湛表演的结合，也成就了戏曲表演艺术的独特魅力。

戏剧舞台上的表演不仅要美，要生动感人，而且最重要的是能够表现人物的性格和心理状态，塑造艺术形象。比如：生活中的车、轿是无法推上舞台的，于是车、轿在戏曲舞台上就演化成车旗、轿帐，演员利用它们来跑车走圆场，这些既有象征作用，让观众很直接地联想到实际生活中的样子，又利于演员的表演，这样的话，演员的表演不会因为道具的遮挡而让观众无法很好地看到演员的精彩技艺；还有这样的一个有趣的例子，在实际生活中，风是看不见的，但是在戏曲舞台上，为了烘托气氛等作用，演员要用自己优美的身段去表现这种无形的东西，于是为了配合演员的表演，场景也把无形的风有形化，变成了风旗；而水旗、云片则把自然界本来流动不定的形态固定化了，

轿子也被应用到了民间舞蹈上

轿的文化内涵
083

然后经过演员的舞动，再让它们活动起来，变成节奏化的艺术形象。如此一来，一个小小的戏曲舞台，充满了生活中形形色色的景观。

一出戏中不仅需要的是艺术性美，而且要能刻画人物。不然的话，这样的设计再美也毫无用处。由于中国戏曲很多地方是运用象征性的表现方法的，一些动作和造型已经有了符号化的含义了，这就给揭示人物的内心世界创造了有利条件，因此才创造了许多生动感人的艺术形象，给观众们留下了深刻的印象和绵长的回味。像莆仙戏《春草闯堂》中知府胡进坐轿的表演，就是以虚拟和象

山海关城楼上的轿夫

轿
084

征性的方法来表现轿子，演员才能表演得那么生动有趣，此时无轿胜有轿。一开场时，两个轿夫一前一后地抬着胡进，轿子一颠一颠的颤动，既表现了抬轿上岗下坡的艰难，又表现了老谋深算的胡进马上就要到相府对证的洋洋得意的心情。这段表演不仅轿夫的舞步很美，而且也刻画了人物的心情。如果真的让扮演胡进的演员坐进轿子里，那么演员的表演受到了局限，更何况观众也什么都看不到了。

轿子作为戏曲舞台上一个非常重要的、典型的道具，在戏曲表演中时常能够看到。戏曲程式性舞台动作之所以能

轿子已经成为戏曲舞台上重要的道具

大观园内的轿子

够具有更多的直观内容，在于其虚拟的手法。在豫剧《抬花轿》中，有一套"抬轿"和"坐轿"的动作，表演时坐轿人居中，抬轿人分列前后，行进时需要步法一致，动作协调。如轿夫的起轿动作要求两臂弯曲于双肩头（以示轿杆着肩），缓缓站起，双肩晃动，起步时随锣鼓点晃动三次（以示调整轿杆位置）走抬轿步。抬轿步法为：左脚在前，右脚在后，前后交替迈吸腿步，同时双臂抬起与肩呈扁圆形，内合外分上下晃动。这样，抬轿子的场景就能够栩栩如生地呈献给观众了。还有"抬轿云步""抬轿蹉步""云步探海"等表现"上坡""下坡""闪

古代轿子

轿"的动作。这些动作除了在"手眼身步"方面有严格的要求之外，特别强调五人动作的统一、整齐、一条线、中间不断，最忌"折轿杆"。这个难度是很大的，要让观众在没有轿子的情况下感受到轿子的存在。据说在训练的时候，为了保持五人一条线和间隔距离均等，演员抬着长梯，每人占一个梯空。当这一个一个的程式性动作在舞台上执行"抬轿"的舞台动作时，观众看到一顶漂亮的花轿由远而近走来，轿子不大，但很喜庆——轿里、轿外喜气洋洋。轿子飞快而平稳地前行，一会儿上坡、一会儿下坡。轿里的新娘子坐着轿子，轿夫们

抬着轿子，肩上负重，轿里轿外明显不同。轿里的新娘子感到闷热，偷偷掀起轿帘，四个轿夫看到了漂亮、活泼的周凤莲，便给她摆轿、掀轿，新娘子在轿里摇摇晃晃坐不稳，轿夫猛换肩，新娘子的头撞到了轿子内壁上，新娘赌气使劲蹦轿，轿子落地，轿夫倒地，轿里传出新娘欢快的笑声。这就是虚拟的魅力，虚拟动作把"情"与"景"交融在一起，使人物的动作具有丰富的内涵。新娘子的活泼、泼辣、欢喜，轿夫的朴实、喜悦，婚礼场面的热闹以及晴朗的天气、一对新人、两家的路途等等，都被生动形象地展示出来。

轿子

（二）近代社会轿子的没落

轿子作为封建社会一种重要的交通工具，在近代逐渐没落了，这不但和社会的发展、科技的进步有关，也和文化的发展和变迁有关。

轿子的产生就是带着一种身份的象征，一直到清朝末年，地方官员出行都乘坐官轿，道台乘坐八人抬的绿呢金顶大轿；知县乘坐四人抬的红漆黑顶蓝呢轿子；一般有品级的官员和乡绅出行也乘轿子；公共租界工部局内的一些华籍官员和外籍官员因公出行也用轿子代步。在官府衙门内

喜轿

还设有轿厅，长期性雇佣的轿夫称为"轿班"。

随着时代的发展，官员外出坐轿子的逐渐变少了。不过还有一种用于医生进行出诊活动的私人轿子，行医轿子流行了很久，20世纪30年代，在上海的大街小巷还能见到这种轿子。

缙绅闺秀所坐的轿子小巧精致，别有

民间轿子

一番闺阁的玲珑，顶垂缨络、旁嵌玻璃，冬天还用动物皮毛装点御寒。明崇祯之初，用于婚礼迎新的彩轿只用蓝色绸子作帷幔，四角悬桃红彩球，其后用红色刺绣和织锦，后来又用大红纱绸满绣。

民间常用的一种轿子就是花轿了。清初，彩轿用小圆镜和彩球相杂缀，华丽多彩。最为流行的是从宁波传入的"四明彩

宋城花轿

车轿

花轿

轿",这是一种雕刻着吉祥物的木构架轿,四周悬挂着花灯和响铃,绣着"凤穿牡丹""福禄鸳鸯"等吉祥花式。

出丧时妇女坐的轿子蒙着白布,分丧家和女宾两种式样。妓女应征出堂差也坐轿,轿杠上挂着"××书寓"的灯笼,曾流行一时。犯人押赴刑场或送入监狱坐一种无顶的小轿,供神主牌位的轿子称为"魂轿",还可见到日本人乘坐的单杠(横贯轿顶)的矮轿,以及轿身用安乐椅、藤椅等做成的私家轻便轿子等。

民国后,私人轿子逐渐减少,各界人士多用马车代步。营业轿子(即公用轿子）是一种由两人抬的轻便的租赁轿子，较为简陋。这类轿子大多候雇于沿江码头、火车站、集市、游乐场所等附近，乘坐者多为商人和旅客。上海开埠后，自十六铺到南码头，一带的沿江码头营业轿子随处可见。营业轿子的轿夫亦称笋扛夫，与官府中的衙役和私家的"轿班"不同，他们多为无业游民，赁屋聚居于码头附近，遇到船只抵岸，便上前兜揽生意。营业轿子按大小区别价格。同治年间轿子抬价规定：小轿自县衙门出发，到城内各处，每肩都是二十八文，来回加倍，到老闸每肩四十文，到新

武当山轿夫

轿
094

人力轿

闸、新衙门、虹口都是五十六文，出大
东门四十文，出西门五十六文，到制造
局一百二十文，全天一百七十文，全天
长路每肩一百二十文，中轿照小轿加倍。
光绪年间轿子行业受到人力车发展的影
响，租费大大降低。清同治四年，公共
租界工部局对辖区内的营业轿子实行捐
照，仅实行了一年，这种轿子文化还是
不能随着政策的变化而很快消失。从光
绪三十一年第二季度开始，再次对轿子

捐照，每季每顶轿子捐二元。同时还制订了相应的章程，如公布的《通常乘轿》条文规定：所领执照不准另与别人顶替使用；凡一切乘轿得由警察或工部局所派人员随时检阅，未得工部局所派人员证明前，不得有违定章将轿出租或使用；凡患传染病与危险症之人不准乘轿；执照之号码应挂在轿身上易见之处，并不准将号码涂抹以致不能时常查见；坚固材料制成乘轿方为合用并应洁净完备。在日落之后、日出之前轿夫应备带灯笼一盏；凡抬轿之轿夫应身体健全，在抬轿时应穿洁净制服；凡年老又不洁或有鸦片癖或年轻者均不得充当轿夫；轿夫不准兜揽乘客；在公共租界之内无论何时抬轿不得无故向乘客多索轿资；如发现乘客在轿内遗落物件应立即送往邻近捕房，代为保管；轿夫得依照现行之警章办理；轿夫如有疏忽损坏一切或失窃等情况，领执照者应负赔偿损失之责；不准将任何酬劳给与工部局任何职员；凡违背定章内任何条款工部局得将执照吊销并得将所存之保银酌量全部或一部分充公；抬轿时倘遇死亡等事件发生应即报告捕房等。

　　民国18年，公共租界工部局停发营业轿子的执照。随着马车和汽车的普及，

人力轿

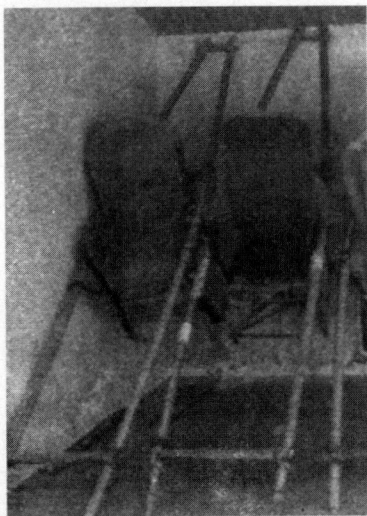

上海人以轿代步的风景也就渐渐消失。不过也有例外，伤寒名医张医生却仍在使用轿子，一轿飞过，众人瞩目，都知道张老先生又出疹了。老张去世后，上海的轿子也就完全消失。

（三）轿子与绘画

在中国古代，轿子又称"步辇"，"辇"本是木轮手推车。从秦汉开始，"辇"成为君王、后妃乘坐工具的专用名称。步辇就是辇车去掉车轮用人抬行。《史记·刘敬叔孙通列传》曾写道："于是皇帝辇出房，百官执职传警，引诸侯王以下至吏六百石，以次奉贺。"后人注解说："《舆服志》

阎立本《步辇图》

云：殷周以辇载军器，职载刍豢，至秦始去其轮而舆为尊也。”《后汉书·井丹传》也提到：“就起，左右进辇……至晋有肩舆。”这种步辇到晋朝，桓玄更有创新：“（玄）更造大辇容三十人坐，以二百人舁之。”（《晋书·桓玄传》）这是史书中第一次关于特大轿子的记载。熊忠《古今韵会举要·七遇》注明：“后世称辇曰步辇，谓人荷而行，不驾马。”由于轿子逐渐成了供皇帝贵族享受的代步工具，所以形制变化较大，新的名称也越来越多。晋朝顾恺之画有《女史箴图·班姬辞辇图》，画中汉成帝与班婕妤同乘一驾肩舆，轿上笼罩有网幛，夏日可避蚊虫，轿前置軨，乘

《步辇图》局部

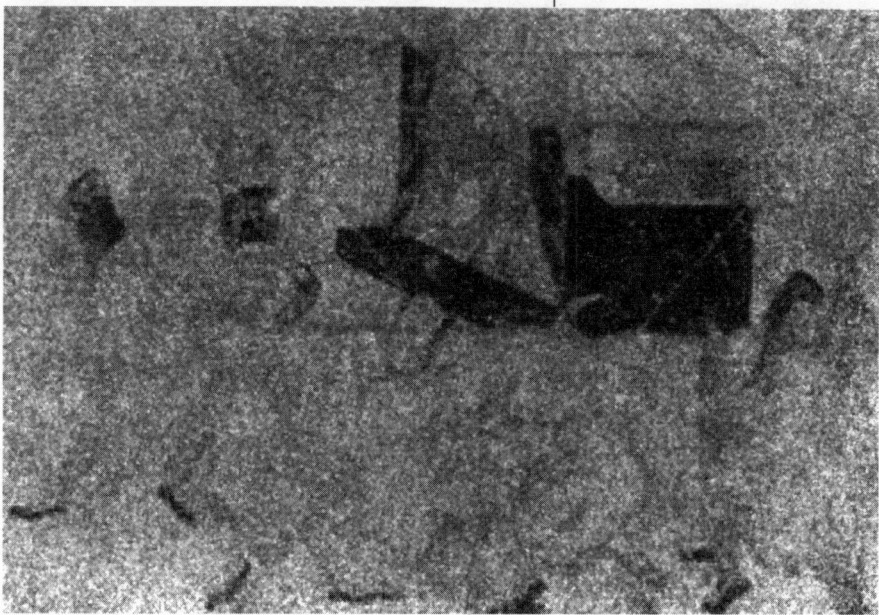

者倚軨而坐，轿夫为前六人后二人。这种八人抬的轿子又名"八扛舆""八扛舆"，是一种高等肩舆，当时只有皇亲王公才能乘坐。

此外，还有《步辇图》。《步辇图》为中国十大传世名画之一，为绢本设色，纵38.5厘米，横129.6厘米，为唐代著名画家阎立本所绘，作品设色典雅绚丽，线条流畅圆劲，构图错落富有变化，为唐代绘画的代表性作品。具有珍贵的历史和艺术价值。

《步辇图》图卷右半是在宫女簇拥下坐在步辇中的唐太宗，左侧三人前为典礼官，中为禄东赞，后为通译者。而唐太宗的形象是全图焦点，画中乘坐于步辇中的唐太宗面目俊朗、目光深邃、神情庄重，充分展露出盛唐一代明君的风范与威仪。作者为了更好地突现出太宗的至尊风度，巧妙地运用对比手法进行衬托表现。一是以宫女们的娇小、稚嫩，以她们或执扇或抬辇、或侧或正、或趋或行的体态来映衬唐太宗的壮硕、深沉与威严，是为反衬；二是以禄东赞的诚挚谦恭、持重有礼来衬托唐太宗的端肃平和、蔼然可亲之态，是为正衬。该图不设背景，结构上自右向左，由紧密而渐趋疏朗、重点突出，节奏鲜明。

唐代《步辇图》

　　《步辇图》是唐代画家阎立本的作品，内容反映的是吐蕃（西藏）王松赞干布迎娶文成公主入藏的事。它是汉藏兄弟民族友好情谊的历史见证。公元640年，即唐贞观十四年，吐蕃王派大相（相当于宰相）禄东赞向大唐求亲，第二年到达长安。由于当时大唐帝国国泰民安，各民族友好相处，因此，当时竟有五个兄弟民族的首领向大唐求亲，太宗很是为难。最后，想出一个平等竞争的办法：请五位大使参加考试，谁考胜了，就把公主嫁给谁家的首领。当时出了五道难题，吐蕃使臣禄东赞过关斩将，一路领先，

文成公主塑像

最终取得了胜利。太宗非常高兴，心想：松赞干布的使臣这样机智、聪明，松赞干布自己更不用说了。于是，决定将文成公主嫁予吐蕃王松赞干布。文成公主出嫁的消息传到吐蕃以后，吐蕃人在很多地方都准备了马匹、牦牛、食物和饮水，决定隆重迎接；松赞干布亲率欢迎队伍由拉萨出发直奔青海迎接。松赞干布高兴地说："我今天能娶上国大唐公主，实在荣幸。我要为公主建造一座城，作为纪念，让子孙万代都要与上国大唐永远亲和。"他按照唐朝的建筑风格，在拉萨修建了城郭和宫室，这就是现在的大昭寺。

从绘画艺术角度看，作者的表现技巧已相当纯熟。衣纹器物的勾勒墨线圆转流畅中时带坚韧，畅而不滑，顿而不滞；主要人物的神情举止栩栩如生，写照之间更能曲传神韵；图像局部配以晕染，如人物所着靴筒的折皱等处，显得极具立体感；全卷设色浓重淳净，大面积红绿色块交错安排，富于韵律感和鲜明的视觉效果。此图一说为宋摹本，但摹绘较精，仍不失原作之真。幅上有宋初章友直小篆书有关故事，还录有唐李道志、李德裕"重装背"时题记两行。

五 有关轿的民俗和故事

（一）轿子和桥

在南方，民间所用轿子称为肩舆，其
形制与北方不同。湖南长沙一带民间多乘
"响轿"，行走会发出响声；广东一带则
喜乘"飞轿"，这种肩舆高大而华丽，便
捷而稳当。

唐光启二年的时候，王潮入闽，至南
安时发生兵变，遂返师至沙县，遇官桥梅
花岭下岭兜村开基祖张延老，张延老向他
诉说泉州刺史廖彦若的暴虐使得百姓生活
艰难。王潮再返师攻下泉州城，杀廖彦若，
后来占据了泉州。梁开平二年（908年），
晚唐大诗人翁承赞奉梁太祖朱晃之命，入
闽封王潮三弟王审知为闽王。王审知待之
以上宾，安置翁承赞于"南安招贤院"，
与名士黄滔、韩偓、徐道融、罗隐、李洵、
杜龚礼等讲读唱咏、谈诗作赋，享受大好
时光，悠然自得，史称"八闽文学之盛，
十国文物之冠"。翁承赞于晋南交界的茂
林修竹处傍溪筑宅，此地环境清幽，叫做
"翁厝"，并且跨溪造了一座桥，称"翁
厝桥"；同时因为翁承赞出身官宦，乡人
简称为"官桥"。这就是官桥名称最早的
由来。

嘉靖三十八年，唐朝福建第一进士欧
阳詹的后裔欧阳模，衣锦还乡之日，无限

轿子顶部的装饰

风光。他们会同儋仰庇、黄鸿详等六位同乡同僚，乘坐六顶八抬官轿，经官桥前往五峰山一片寺游览，在事业有成之后带着好心情，饱尝山水大观。他们一路吹吹打打，前呼后拥，非常招摇，将六顶官轿停放在官桥的官道上。这件事被乡人们互相传说，后来，乡人便又称"官桥"为"官轿"。这是官桥的第二个地名。

清朝康熙年间，吏部尚书吴礼科娶丞相李光地的次女为媳，在官桥圩吴宅修建了一座美丽雅典的"梳妆楼"，晋南沿海风光，尽收眼底。从此，便名扬"九溪十八坝，八乡十六里"。乡民都称它为"官楼"。这便是第三个地名。

五峰山

南京夫子庙

　　不过，后来的两个名字都是达官显贵的故事，官僚的腐败让人民深恶痛绝，所以渐渐还是选用了最初的地名，于是这最早的一个"官桥"，作为永久性的地名。对于文人义士，在百姓心目中的地位还是最崇高的。

（二）教敷营

　　教敷营在夫子庙的西面，是"轿夫"的谐音。在古代教敷营是轿夫的集中地。《上江两县志》载："教敷营原名轿夫营。"

　　明代，城南夫子庙地区十分繁华，十里秦淮游客如云，很多轿夫在此以抬轿谋生。靠近夫子庙地区的三山街一带就成了

夫子庙一景

轿夫们的集中地，久而久之，人们便称此地为"轿夫营"。

夫子庙地区对轿子的需求量是非常大的。夫子庙地区是达官贵人出入最多的地方，对轿子的需求量最大。但能养得起轿夫的人毕竟是少数。这样临时租轿子出门，就成了士大夫最好的选择，如同现在叫出租车一样。于是出租轿子就成为夫子庙一带的重要行业。西有三山街，东有夫子庙，轿夫们就集中住在轿夫营。老爷们叫轿子方便。

轿夫营从存在开始，生意一直十分兴隆，整整一条街住的都是轿夫，因为生意比较好，这些轿夫总是非常忙碌。现在这

轿
108

夫子庙景区

条街的东面已经拆迁了。街的西面仍旧是
那个时候的老房子。

夫子庙是北宋仁宗时（1034年）建立
的。从那时起夫子庙地区就开始成为封建
士大夫出入的地方。近一千年来，这里最
鲜明地体现了"万般皆下品，唯有读书高"
的信条，大家对于孔子的敬重也是出于这
个信条。谁考取了秀才，就会被称为新贵
人，可以免除劳役，由国家供养；而且还
能考举人，前途无量，同样被称为老爷。
这种科举制度带来的麻雀变凤凰的事情，
使得秀才出门为了摆摆架子，也要坐轿子，
体现一下老爷的派头。三山街是一个非常
热闹的市口，对轿子的需求不亚于夫子庙。

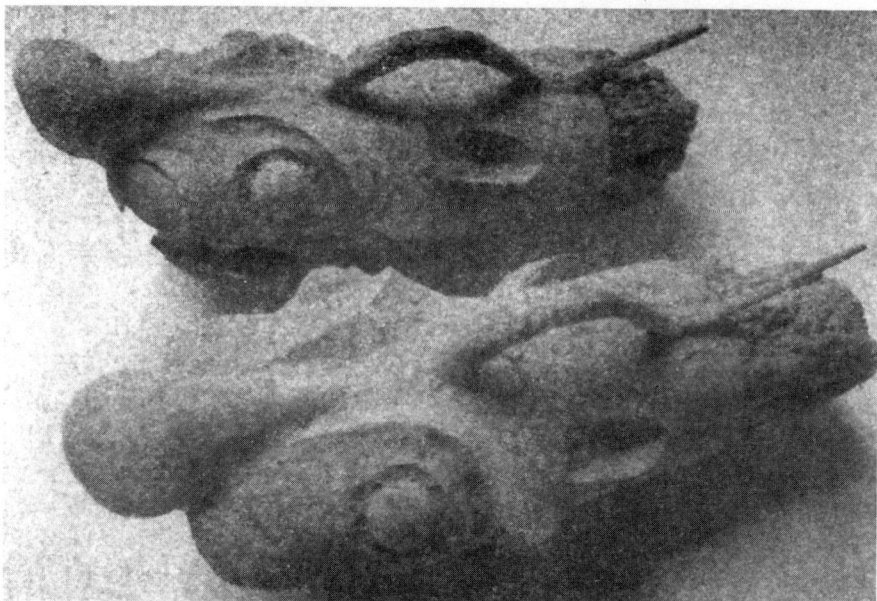

镏金龙头铜质轿子头

轿夫营的轿子有大有小。有两人轿、四人轿。雇轿子每名轿夫100文钱。可以雇两人，也可以雇三人、四人。雇轿子与别的交通工具不同，是要给小费的，清代叫酒钱。酒钱的多少要视路途的远近。一天的酒钱要比半天的酒钱加倍。雇轿子的费用叫轿金。

总的来说，轿夫生活在社会的最底层，所受到的压迫最重，所面临的歧视最深，过着牛马不如的生活，社会地位很低。在古代有四种人不能参加科举考试，罪犯、娼优、皂隶、商贾。轿夫就属于皂隶。轿夫不但本人不能参加科举考试，连子孙后代也不许参加，世世代代只能低头做人，只能做繁重的体力活，抬着别人走路，永无翻身之日。无论是官轿还是民轿，轿夫的身份永远是低贱的。

但是也有极个别例外的。比如清代宰相和珅就是轿夫出身。不过和珅是替乾隆皇帝抬轿的，人称龙禁尉。传说有一次乾隆皇帝临时出宫，由于事先没有准备，轿夫们忙作一团。乾隆皇帝在一旁看了大为恼火。这时有一个轿夫站出来大骂："这点小事都乱七八糟，小心皇上宰了你们！"乾隆皇帝听了心里十分高兴，觉得这个人不是等闲之辈，连忙打听这轿夫是谁。此人就是和珅。后来因

车马轿

木制轿子

轿子

为与乾隆帝的这点机缘，加之和珅自己本身有些才气，为人又圆滑世故，最终竟然被提拔为宰相。

清康熙皇帝曾六次南巡。第二次南巡到达南京三山街。三山街的街道张灯结彩，一片繁华的景象，给康熙留下了深刻的好印象。回到京城，康熙就下令绘制南巡图。画家王翠原本就是江苏人，对南京非常熟悉。当年三山街搭棚挂彩的场面，画得活灵活现。画中前后两顶小轿，正好在轿夫营的位置。

《儒林外史》作者吴敬梓33岁时，从安徽全椒县移家秦淮河畔。几天后他

带着妻子去清凉山游玩，就雇了几顶轿
子。他在书中写道："又过了几日，娘
子因初到南京，要到外面去看看景致。
杜少卿道：'这个使得。'当下叫了几
乘轿子，约姚奶奶做陪客，两三个家人
婆娘都坐了轿子跟着。"可见叫轿子是

轿子的门

有专门地点的。吴敬梓当时叫轿子的地方应该是轿夫营。

随着手工业和商业的发展，轿夫营又逐渐派生出了一个专卖鞋子的市场，这可能与轿夫们易耗鞋有关。据《客座赘语》记载："鼓铺在三山街口旧内西门之南，履鞋则在轿夫营。"由于轿夫的工作是跑路，所以由此而带来一项副业，那就是卖鞋子。凡是去轿夫营的人，除了雇轿子以外，总是要买几双鞋子带回去。《客座赘语》："履鞋则在轿夫营。"明代时轿夫营的鞋业已经在南京成为出名的集市了，规模与轿子不相上下了。古代鞋子只有云履、素履两种，也就是彩色的和单色的。到了明代花色品种增多，并且后跟越来越

浅，以致成了无跟的拖鞋。鞋的名称有方头、短脸、罗汉靸、毶鞋、僧鞋。颜色有红、紫、黄、绿，丰富多彩。满街的货架上摆满了长袜、鞋、履、舄、靴，真是琳琅满目，美不胜收。每日轿夫营人头攒动，人流如织，场景十分热闹。

轿夫营是因为军队教授骑射才改名的。大概是在清代中晚期。夫子庙在招收

旅游景区使用的轿子

秀才时，除了文秀才外，还招收武秀才。武秀才又称武生。学习的课程除了书本外，还有武功。武秀才与文秀才一样，要参加武举人的考试。考中武举人后，还能考武进士，然后在军中当官。清代夫子庙每年共有30名武秀才。上元县15名，江宁县15名。武秀才每天除了要学习《孙子兵法》《姜太公六韬》等兵书外，还要进行骑射的实战训练。教官都是从军队中抽调来的军官。

由于夫子庙里都是文秀才在读书，环境要求安静。所以武秀才虽然能在校园内读书，但却无处进行骑射的训练。哒哒的马蹄声、训练的口号声，非常不符合夫子庙的整体氛围，对于在其中的读书人来说更是不能够承受的了。这样武秀才的训练就必然要另有别处。正巧轿夫营就在夫子庙的西边，一条街正好成为战马的跑道。于是轿夫营被拆迁了，成为教授骑射的教场，改名为教敷营，使用的是轿夫营的别称。

（三）土家花轿的来历

土家花轿的来历有这样的一个传说：

有一年，一个新科武状元，乘着皇帝敕封的八抬花轿，衣锦还乡，光宗耀祖，想要炫耀一番。花轿来到一条窄路上，状元从轿窗内看见路边一块巨石，形如卧牛，

土家族花轿

便叫轿夫停轿观赏。由于路窄，轿子只有停在了路中间。状元下轿后，转来转去欣赏这块形状如牛的巨石，一时诗兴大发，吟出了两句诗："怪石巍巍恰似牛，不知在此几千秋。"吟出这两句后，就再也吟不下去了，就在路旁转来转去，翻来覆去地念他那两句。

正在这个时候，遇到了一乘迎亲的轿子迎面而来，因状元轿是停在路中间的，两乘轿子错不开，那个花轿也只好停下来。可是等了很久也不见这个八抬的花轿起程，新娘怕错过迎娶的时辰，便叫轿夫头去问个究竟。轿夫头去问了一下，回来禀报说："前面的花轿是一个武状元的，他看见路边那墩石头，就想吟诗，吟了两句，就再也想不出来了。看来只有等他吟好了，我们才走得成。"婚轿里的新娘不耐烦地说："是什么诗这么难吟嘛，去问问他是什么题，我帮他吟！"轿夫头只好硬着头皮将新娘的话如实告诉状元，状元感到很惊讶："哦！新娘子还懂得吟诗？"这个状元一副盛气凌人的样子，把别人都不放在眼里，于是傲慢地说："你去给新娘子说，如她能吟好这首诗，我不但给她让路，而且我的花轿都换给她乘坐！"轿夫头又掉头去将状元的话告知了新娘。新娘应

刻有祝福语的轿子

设备齐全的婚庆轿子

了一声，说道："这种诗都不会吟，还当状元。"随即按状元的头两句接吟下去："怪石巍巍恰似牛，不知在此几千秋。风吹四蹄无毛动，雨打浑身似汗流。遍地青草难开口，任你鞭打不回头。日月星辰来作伴，地作牛栏夜不收。"轿夫头将吟好的诗回复给状元。状元自觉惭愧，但是说出的话已经收不回了，于是恭敬地将自己的花轿换给了这个聪明的新娘。

从此以后，印江地方无论土家族、苗族姑娘出嫁都改乘花轿了，这个习俗一直沿袭至今。